AF383980

PROCÈS DU SIÈCLE

CONTRE

L'EX-PRINCE IMPÉRIAL.

—

PLAIDOIERIE

DE

Mᵉ HENRI BRISSON

vice-président de la Chambre des députés.

DEVANT LA COUR DE PARIS

(Audience du 7 décembre 1878.)

EN VENTE

A PARIS, AUX BUREAUX DU SIÈCLE

24, rue Chauchat, 24

1878

CONCLUSIONS

Pour Villain-Landaiserie, gérant du *Siècle*, appelant de deux jugements rendus le 17 juillet 1878, par la 8ᵉ chambre du tribunal de la Seine.

Contre Napoléon - Eugène-Louis-Jean-Joseph Bonaparte.

Plaise à la Cour,

Sur le premier jugement :

Attendu qu'aux termes de l'article 61 du code de procédure civile, corroboré par l'article 1029 du même code, l'exploit d'ajournement doit, à peine de nullité, énoncer le nom du demandeur;

Que l'assignation délivrée à Villain-Landaiserie, le 5 juillet 1878, portait seulement cette mention :

« A la requête de Son Altesse Monseigneur » Eugène-Louis-Jean-Joseph Napoléon, domi- » cilié à Paris, etc. »;

Qu'ainsi elle ne contenait pas le nom de famille du demandeur, mais seulement ses prénoms ;

Qu'il y a eu là omission d'une des mentions essentielles, on peut même dire de la mention principale exigée par la loi, mention qui ne saurait être suppléée ;

Que, faute de contenir cette mention, ledit exploit est nul, d'une nullité absolue, et que cette nullité peut être invoquée par tous les intéressés ;

Qu'au surplus, devant le premier juge, le demandeur a prétendu que sa situation personnelle lui permettait de se soustraire à cette obligation de la loi ;

Attendu qu'aucun acte législatif ou autre n'a autorisé les membres de la famille Bonaparte à changer de nom de famille ; qu'il y a preuve du contraire ;

Attendu qu'en accueillant la prétention du demandeur, le jugement dont est appel a manifestement violé l'article 61 du code de procédure dans sa lettre et dans son esprit ;

Très-subsidiairement, et pour le cas où la Cour croirait devoir passer à l'examen du fond, sur le deuxième jugement ;

Attendu que l'intimé ne saurait faire valoir une action autre que celle qui aurait appartenu à son auteur du vivant de ce dernier ;

Attendu que les articles incriminés visent l'administration de la liste civile de Napoléon III, c'est-à-dire du souverain qui régnait au moment où se seraient passés les faits que les articles lui imputent ;

Que, d'après l'économie de la loi du 17 mai 1819, il ne peut y avoir *diffamation*, qu'il y a seulement *offense* vis-à-vis du souverain (article 9 de cette loi);

Que c'est donc à tort que le jugement dont est appel a appliqué à Villain-Landaiserie l'article 16 de la loi du 17 mai 1819, article relatif à la diffamation, puisque le délit, en supposant qu'il existât, n'aurait pu être que le délit d'offense et non le délit de diffamation ;

Attendu, d'autre part, que le jugement dont est appel, pour attribuer la possession de l'action pénale au demandeur, se fonde sur l'art. 63 du code d'instruction criminelle, aux termes duquel « toute personne qui se prétendra lésée » par un délit peut en rendre plainte ;

Attendu qu'il n'y a pas lieu d'appliquer cet article ;

Qu'en effet la matière de la diffamation est régie par des lois spéciales, non-seulement au point de vue de la définition du délit, mais encore au point de vue de la possession de l'action pénale ;

Attendu, sans s'expliquer sur la thèse de la diffamation envers les morts, toujours contestable, même sous l'empire des anciens textes, que les lois nouvelles sur la matière l'ont rendue insoutenable, au moins en ce qui concerne les personnes publiques ;

Que cette thèse semblait trouver un fondement spécieux dans ces expressions de l'art. 5 de la loi du 27 mai 1819 ; « la poursuite aura lieu sur la plainte de la partie qui se prétendra lésée ; »

Attendu que ce fondement lui manque aujourd'hui ;

Qu'en effet cette partie de l'article 5 de la loi du 26 mai 1819 est abrogée par l'art. 6 de la loi du 29 décembre 1875 ;

Que ce dernier article ne donne la plainte qu'à « *la partie offensée,* » expression qui limite évidemment au diffamé lui-même et lui seul le droit de mettre en mouvement l'action publique ;

Attendu que le tribunal a bien reconnu que, dans la cause, il s'agissait d'une diffamation, non envers un particulier, mais envers une personne publique, puisqu'il a formellement écarté l'article 18 de la loi du 17 mai 1819 et qu'il en a appliqué l'article 16 ;

Que l'article 16 est celui qui punit la « diffamation envers tout dépositaire ou » agent de l'autorité publique, pour des faits » relatifs à ses fonctions ; »

Qu'ainsi au point de vue de la possession de l'action pénale, du droit à porter plainte, c'est bien l'article 6 de la loi du 29 décembre 1875 qui doit être appliqué dans la cause ;

Que cette disposition, seule en vigueur aujourd'hui, est ainsi conçue : « Pour diffa- » mation ou injure contre tous dépositaires » ou agents de l'autorité publique, la pour- » suite aura lieu sur la plainte de la partie » offensée ; »

Que le tribunal a ainsi, en invoquant l'article 63 du code d'instruction criminelle, fait une fausse application d'un texte étranger à la cause ;

Que le droit de rendre plainte n'appartenait point à Napoléon-Eugène-Louis-Jean-Joseph Bonaparte ;

Qu'en conséquence, son action n'est pas recevable ;

Qu'il ne possède pas l'action pénale ;

Attendu qu'en refusant cette action à toute autre personne qu'à « la partie offensée, » le législateur a voulu réserver les droits de l'histoire ;

Que ces immunités n'ont jamais eu plus besoin d'être protégées que vis-à-vis d'un souverain, particulièrement vis-à-vis d'un prince absolu et responsable ;

Par ces motifs et autres qu'il appartiendra,

Déclarer nulle et de nul effet l'assignation délivrée, le 3 juillet 1878, du ministère de Nothin, huissier à Paris, à Villain-Landaiserie, gérant du *Siècle* ;

Et par voie de conséquence, déclarer nul tout ce qui a suivi, notamment les deux jugements en date du 17 juillet 1878, dont Villain-Landaiserie a fait appel;

Très-subsidiairement annuler le jugement dont est appel comme condamnant l'appelant à raison d'un prétendu délit de diffamation, alors que les faits qui lui sont imputés constitueraient, même en les supposant prouvés, non ce délit, mais le délit d'offense.

Dans tous les cas, déclarer Napoléon-Eugène-Louis-Jean-Joseph Bonaparte, non-recevable dans sa plainte, en tout cas mal fondé, et le condamner aux dépens.

Messieurs,

La cour n'ignore pas à quelle circonstance pénible, et dommageable pour le *Siècle*, je dois l'honneur de parler aujourd'hui devant elle. Nos intérêts sont ordinairement défendus devant les tribunaux par l'un des plus sympathiques et des plus distingués parmi les membres du jeune barreau. Malade depuis plusieurs semaines, il n'a pu se rendre à votre audience et, comme j'avais entendu sa plaidoirie devant les premiers juges, mes amis du *Siècle* ont pensé que je pourrais improviser rapidement leur défense. Il me reste à prier la cour de fermer les yeux sur ce qui pourra lui apparaître de mon inexpérience du palais.

M. Villain-Landaiserie, gérant du *Siècle*, fait appel devant vous de deux jugements :

Le premier est relatif à une exception de procédure, à laquelle les premiers juges ne me paraissent pas avoir fait une attention suffisante.

Le libellé de l'assignation délivrée par le demandeur est ainsi conçu :

« A la requête de Son Altesse Monseigneur » Eugène-Louis-Jean-Joseph Napoléon, do- » micilié à Paris, etc. »

Ainsi, Messieurs, le demandeur a omis — nous verrons plus tard s'il a volontairement ou involontairement omis, — mais enfin il a omis son nom de famille, le nom de Bonaparte, dans le libellé de son exploit.

Or, messieurs, l'article 61 du code de procédure civile exige, à peine de nullité, que le « nom » du demandeur, c'est-à-dire son nom de famille, soit mentionné dans l'exploit ; l'article 1029 du même code ajoute que cette nullité n'est pas comminatoire, c'est-à-dire qu'elle est de droit étroit et que l'appréciation n'en est pas laissée à l'arbitraire des juges.

Je me demande donc comment le jugement dont est appel a pu dire qu'il suffisait, pour la validité de l'exploit, que le reste de son contenu, et par exemple les fins de l'exploit lui-même ne laissassent aucun doute sur la personnalité du demandeur. Ah ! je comprendrais ce raisonnement s'il s'agissait d'un prénom omis ou faussement énoncé ; mais quand le nom de famille du demandeur, c'est-à-dire la mention principale, essentielle, fait defaut, je ne puis plus admettre un pareil thème. Si la magistrature entrait dans cette voie, autant supprimer le code de procédure, autant dire qu'il n'y a plus de nullités ; car il est trop clair qu'en lisant son exploit jusqu'au bout, le défendeur ignorera bien rarement, s'il ignore jamais la personnalité du demandeur.

Disons donc qu'ici l'exploit est entaché en la forme d'un vice essentiel, qu'il lui manque une des conditions prescrites par la loi, non pas seulement pour éclairer le défendeur, mais encore, et en dehors de cet intérêt, pour la validité intrinsèque de l'exploit. La loi a été violée dans l'une de ses prescriptions formelles ; celui qui a commis cette violation dans son exploit ne peut invoquer cet exploit ; il est nul, d'une nullité absolue et que tout intéressé, par exemple le ministère public, peut faire valoir sans être obligé de prouver qu'elle lui a porté préjudice.

J'écarte donc, Messieurs, l'objection du

jugement, et je passe à plusieurs autres que l'avocat du demandeur avait opposées devant le Tribunal à M° Dreyfus :

Dans quel intérêt, a-t-il dit, le demandeur aurait-il omis le nom de Bonaparte dans son exploit ? Je lui retourne la question et, cette question, nous essaierons de la trancher dans un instant.

M° Jolibois disait encore : « Mais le prince a copié dans son exploit les mentions de son acte de naissance, et cet acte de naissance lui donne le nom de Napoléon comme nom de famille. »

Rien de plus inexact, Messieurs. J'ai pris la peine de copier dans le *Moniteur universel* du 23 mars 1856 l'acte de naissance du demandeur, et voici ce que j'y trouve mentionné. M. le ministre d'Etat, officier de l'état civil de la famille impériale, s'y exprime en ces termes :

« ... Et à l'instant, nous sommes passés » dans le salon de l'impératrice, où était » S. M. l'empereur, et Sa Majesté nous a » déclaré que son intention était que le » prince impérial reçût les *prénoms* de Na » poléon-Eugène-Louis-Jean-Joseph. »

Les prénoms. N'est-ce pas, Messieurs, la meilleure preuve que ce prénom de Napoléon n'a jamais été un nom de famille pour le demandeur? Son acte de naissance le dit, et c'est sur l'indication de son père.

Je vois bien que, dans l'exploit, la liste des nombreux prénoms du demandeur a été intervertie. Tandis que, dans l'acte de naissance, le prénom de Napoléon vient le premier, il vient le dernier dans l'exploit. Ce n'est plus Napoléon-Eugène-Louis-Jean-Joseph ; c'est Eugène-Louis-Jean-Joseph-Napoléon ; mais, Messieurs, est-ce ainsi que l'on se fait un nouveau nom de famille ?

Vous pouvez d'ailleurs le vérifier comme moi-même, à la mairie du 1er arrondissement : c'est sous le nom de Bonaparte que le demandeur a tiré au sort.

Bonaparte est donc bien son nom de famille.

Les membres de la famille n'ont jamais quitté ce nom dans les actes publics que lorsqu'ils occupaient le trône. Interrogez l'histoire de Napoléon III. Il était bien, aux termes des constitutions de l'empire, l'héritier de la dignité impériale. Il siége pourtant à l'assemblée constituante sous le nom de Bonaparte, et c'est sous le nom de Bonaparte qu'il prête serment à la constitution républicaine.

Il y a mieux; il règne. La dynastie impériale est rétablie. Aucun acte ne vient substituer le prénom de Napoléon comme nom de famille à celui de Bonaparte.

Prenez le sénatus-consulte des 7-10 novembre 1852. Voici le texte de l'article 1er :

« Louis-Napoléon *Bonaparte* est empereur » des Français sous le nom de Napoléon III. »

L'article 4 est ainsi conçu :

« Louis-Napoléon *Bonaparte* règle l'ordre » de succession au trône dans la famille » *Bonaparte.* »

Famille Bonaparte et non pas famille Napoléon.

Même formule dans le plébiscite de 1852.

Même formule dans le sénatus-consulte de la fin de l'empire, du 20 avril 1870.

Toujours le nom de famille est *Bonaparte* et jamais Napoléon.

Dans la chambre des députés élue en 1876, est-ce que le fils du roi Jérôme ne s'appelait pas Jérôme Napoléon Bonaparte ?

Ainsi, aucun acte législatif, aucun décret, aucune tradition ne vous autorise à prendre un autre nom. Si vous vous appelez Napoléon tout court, c'est pour afficher devant la justice une prétention dynastique, pour vous parer d'un attribut de souveraineté.

Quoi encore ? Ah ! je me rappelle et la *Gazette des Tribunaux* du mois de juillet,

que j'ai sous les yeux, me rappelle un autre
argument de Mᵉ Jolibois.

« Mais c'est un usage constant, nous disait-
» il. Est-ce que sous le premier ou sous le
» second empire, on a jamais contesté leurs
» titres et leurs prérogatives soit aux Bour-
» bons de la branche aînée, soit aux d'Or-
» léans? »

Vraiment ! il vous sied bien de rappeler
ces souvenirs ! Vous les traitiez en effet
d'une façon galante, les Bourbons et les
d'Orléans.

Sous le premier empire, quand un Bourbon vous gênait, sans vous demander si
cette violence ne renouerait pas les liens
d'une coalition contre la France, vous le
faisiez enlever en pays ami, et dans les
trois jours, vous le faisiez fusiller. Mais
peut-être que l'on vous diffame en rappor-
tant ces choses ! Peut-être bien aussi, dans
le procès-verbal d'exécution, reconnaissiez-
vous au duc d'Enghien tous ses titres et
qualités. Je n'ai pas vérifié.

Quant au second empire et quant aux
d'Orléans, ils ont eu, dès 1852, à plaider
contre vous un procès célèbre. Je commen-
çais mon droit alors, je suivais les audiences,
j'entends encore les conclusions, car c'était
des voix puissantes qui en donnaient lec-

ture, et je suis bien sûr que vous ne permettiez pas au chef de la maison d'Orléans de plaider sous le nom de Louis-Philippe. Pourquoi voulez-vous qu'on vous permette aujourd'hui de plaider sous le nom de Napoléon ?

Mais c'est un usage, dites-vous, dans les maisons régnantes, de substituer le prénom dynastique au nom de famille proprement dit. Vous vous oubliez, je crois ! Est-ce que vous êtes une maison régnante ? Est-ce que vous régnez ? Et le vote de déchéance ? Ah ! vous n'avez pas marchandé le mot devant les premiers juges ; je vous ai entendu. Vous avez osé dire que le vote de déchéance était un vote « sans sanction. » Oui, vous avez étalé dans le prétoire votre révolte ouverte contre la décision souveraine d'une assemblée issue du suffrage universel !

C'est ici, messieurs, que je prie la cour de me permettre d'insister.

Si je m'en tiens au droit strict, j'ose dire que les prescriptions de l'article 61 du code de procédure doivent être maintenues par vous; mais combien elles vous lient plus impérieusement encore si vous interrogez, si vous sondez les prétentions qui ont poussé le demandeur à les enfreindre !

Est-ce en effet, messieurs, est-ce par une

simple omission qu'après avoir accumulé devant ses nombreux prénoms les appellations d'altesse et de monseigneur, est-ce par une simple omission que le demandeur a négligé de les faire suivre du nom patronymique de la famille Bonaparte? S'il en était ainsi, je ne comprendrais pas encore que la justice pût dispenser un justiciable de l'obligation de bon sens imposée par le code à tous les citoyens ; mais il en est tout autrement. Nous ne sommes pas en présence ici de la négligence d'un huissier, d'une erreur ou d'un oubli. Non, l'omission n'est pas involontaire, elle est voulue. C'est un acte de désobéissance à la loi, et de désobéissance calculée. Désobéissance, n'est pas assez dire : c'est le fait d'un personnage qui se prétend supérieur aux lois communes à tous les citoyens. *Jura negat sibi nata.*

Par le libellé de son assignation, par les qualifications qu'il y prend, par l'omission surtout de son nom de famille, le demandeur nous signifie et — plus grave impertinence encore — il prétend signifier à la justice que sa situation de représentant d'une dynastie lui donne, même devant vous, certains priviléges ; que cette situation affecte jusqu'à son état civil. Il n'est pas un Bonaparte, il est un Napoléon, un chef de maison régnante. Voilà sa prétention, et il vous sollicite de la consacrer par vos arrêts souverains.

Le pouvez-vous, messieurs ? Le devez-vous ? Laissez moi vous dire toute ma pensée :

Ah ! sans doute, lorsque nous plaidons devant vous le fond des causes, lorsqu'il s'agit pour vous de délibérer sur les obligations diverses imposées aux citoyens ou par la nature, ou par leurs relations juridiques, ou par leurs contrats, ou par leurs délits; ah ! sans doute, toutes les considérations tirées de la politique, doivent vous demeurer étrangères ! Non-seulement, vous ne devez nullement, lorsque vous jugez, non-seulement vous ne devez pas votre concours aux gouvernements établis; mais on peut imaginer tels cas où vous auriez à leur résister; mais, messieurs, vous ne pouvez pas non plus prêter votre concours à leurs adversaires, lorsqu'ils tentent une entreprise semblable à celle devant laquelle vous vous trouvez.

Oui, vous rencontrez ici la violation affectée d'une de ces règles de procédure où se condense notre droit public, qui imposent à tous les citoyens les mêmes obligations et leur assurent les mêmes garanties, et vous avez à vous demander si l'exception que nous soulevons n'est pas une exception d'ordre public.

Oui, messieurs, d'ordre public.

Messieurs, au moment où nous sommes, l'effort des partis en guerre contre la constitution que la France s'est donnée, c'est de présenter cette constitution comme éphémère, et le régime républicain comme devant céder plus ou moins prochainement la place à l'un des régimes du passé. Plus les manifestations de la volonté nationale donnent de démentis à leurs espérances, plus ils s'agitent pour créer çà et là des manifestations inverses qui leur soient ou leur paraissent favorables. Ils tentent de faire luire les symboles des gouvernements qu'ils ont servis et qu'ils rêvent de restaurer à côté de l'image du gouvernement légal. Les plus hardis naturellement, dans ce genre de manœuvres, ce sont les impérialistes, puisqu'ils nient la vertu juridique et du vote de déchéance et des lois constitutionnelles qui ont fait la République. A les entendre, entre les Napoléon et le trône, il y a, non pas le droit, mais un fait passager.

Et alors, vous les voyez chercher toutes les occasions de produire, par telle ou telle manifestation où l'audace se mêle à la ruse, quelque illusion sur l'esprit public. C'est à une de ces manœuvres que vous avez affaire aujourd'hui. N'est-ce pas en effet, messieurs, le privilége essentiel des maisons régnantes, n'est-ce pas leur prérogative par excellence de substituer chez leur chef le prénom dynastique au nom de la famille ? Se qualifier d'altesse, de monseigneur, de prince, omettre le nom de Bonaparte dans un exploit d'ajournement, n'est ce point étaler devant la justice la prétention de retenir ce privilége inséparable de la souveraineté et d'apparaître ainsi comme une sorte de gouvernement d'avenir ? Et l'on ose demander à la magistrature de consacrer cette prétention intolérable ! On vous demande de déclarer, par arrêt, que le vote de déchéance et la constitution ne sont rien, que les Napoléon ont un droit, un droit à part !

Vous ne vous prêterez pas, messieurs, à une semblable manœuvre. Vous défendrez à notre adversaire de plaider sous le prénom dynastique de Napoléon, vous lui ordonnerez de plaider, comme tous les citoyens, sous son nom de famille, sous le nom de Bonaparte.

Quel désordre dans les esprits si vous

décidiez autrement! Les Napoléon, les Bonaparte, n'ont pas seuls régné sur notre pays. Les représentants de deux autres dynasties déchues vivent ou ont le droit de vivre au milieu de nous. Ils peuvent avoir à plaider. Si vous permettez au fils de Napoléon III d'ester en justice sous le nom de Napoléon, le chef de la maison de Bourbon pourra plaider, au criminel ou au civil, sous le nom de Henri; celui de la maison d'Orléans pourra plaider sous le nom de Louis-Philippe. Est-ce là le but que l'on poursuit? A-t-on formé l'indigne et outrageant dessein de transformer le prétoire en je ne sais quelle succursale de cette fameuse hôtellerie de Venise, où Voltaire fait se rencontrer une demi-douzaine de souverains non moins détrônés que ridicules, et que leurs valets eux seuls traitent encore de majestés?

Oui, messieurs, ce que l'on espère, c'est d'obtenir de vous en paraissant ne solliciter qu'une facilité de procédure, c'est d'obtenir de vous un arrêt que l'on puisse ensuite, dans la presse et ailleurs, interpréter comme on a fait le jugement, c'est-à-dire comme une demi-consécration de prétentions factieuses.

Voilà, messieurs, ce qui se cache sous la tentative du demandeur. Voilà le piége que l'on vous tend. Voilà pourquoi vous devez appliquer dans sa lettre et dans son esprit l'article 61 du code de procédure civile ; car, si vous n'avez point, comme je le disais au début de ces réflexions, si vous n'avez point à prêter, en tant que juges, votre concours au gouvernement, vous ne pouvez pas non plus le prêter à ses adversaires, lorsque leurs desseins sont à nu, lorsque leurs calculs sont dévoilés, lorsqu'ils ont conçu l'entreprise impie de faire de vous leurs complices, lorsque enfin, pour résister à leurs audacieuses entreprises sur la justice, vous pouvez vous enfermer dans un de ces textes impératifs qui sont la tutelle du droit public.

Je demande donc la nullité de la procédure.

Messieurs,

M. Villain-Landaiserie, gérant du *Siècle*, fait appel devant la cour d'un deuxième jugement par lequel il a été condamné pour avoir diffamé la mémoire de Napoléon III en avançant que, sous son règne, le produit de vingt-six mille hectares de forêts domaniales, illégalement aliénées, aurait été absorbé par la liste civile.

Voilà le fait et voici comment j'explique les allégations du *Siècle* :

Napoléon III, en prenant le pouvoir absolu, trouva dans une loi de 1850 le droit d'aliéner pour 50 millions de forêts appartenant à l'Etat. Certaines conditions étaient mises à cette aliénation, telles que le consentement des conseils généraux des départements où se trouvaient les bois en question. La loi de 1850 disposait en outre que le produit de ces ventes serait affecté à l'atténuation de la dette flottante.

Le coup d'Etat est fait. Le 22 janvier 1852, Louis-Napoléon Bonaparte dépossède les d'Orléans et, par le même décret, décide que 35 millions de ces biens seront vendus pour le prix en être affecté à certaines dotations.

Le 27 mars 1852, nouveau décret par lequel il est dit que ces dotations seront pourvues, non plus par la vente des biens d'Orléans, mais par la vente de 35 millions de forêts domaniales à prendre sur les 50 millions de la loi de 1850. Les conditions établies par cette loi sont de la sorte méconnues, de même que l'affectation spéciale qu'elle avait établie. Tout cela se fait par décret. Première violence, première irrégularité.

Bien entendu, les biens d'Orléans doivent toujours être mis en vente :

Soit, 85 millions.

Survient en 1855 une loi nouvelle, par laquelle le gouvernement impérial se fait autoriser encore à vendre 15 millions de bois.

Le 28 juillet 1860, nouvelle autorisation d'aliéner pour 7 millions 500,000 francs de forêts.

Le 13 mai 1863, autre autorisation s'élevant à 21 millions et demi.

Le 18 juillet 1866 enfin, une autre loi survient et autorise encore le gouvernement à vendre pour 2 millions 500,000 francs de forêts domaniales.

Total des biens que le gouvernement de Napoléon III s'est fait autoriser à aliéner : Cent trente et un millions et demi. Le chiffre est gros, on en conviendra. N'est-il pas de nature à provoquer les soupçons?

Une partie du produit de ces aliénations énormes a-t-elle été employée à subvenir aux besoins de la liste civile? Je ne le prouve point, et je m'expliquerai dans un instant sur ce défaut de preuves. Mais serait-ce donc la première fois que la liste civile de l'empereur aurait fait un emprunt irrégulier aux ressources du budget de l'Etat ? N'en avons-nous pas des exemples ? Rappelez-vous, Messieurs, les révélations faites devant la commission des marchés, instituée par l'assemblée nationale, révélations portées à la tribune par M. le duc d'Audiffret-Pasquier, aujourd'hui président du sénat.

Je n'y veux emprunter qu'un trait ; il nous est fourni par M. le général Suzane.

La liste civile ayant eu besoin de diverses sommes pour une dépense spécialement mise à sa charge, demande une première fois 100,000 fr., une seconde fois 150,000 fr., une troisième fois 450,000 fr., au budget de la guerre. Les règlements, l'honneur des comptables, la loi des finances, tout s'y oppose. Vaines résistances, dont on vient à bout dans un déjeuner à Meudon. La liste civile aura son argent, mais le budget de la guerre en souffrira d'autant.

Aucune commission n'a dirigé d'enquête du côté de l'administration des forêts pour la liste civile S'ensuit-il que l'on ne trouverait rien ? Ne connaît-on pas l'histoire du bois du Vésinet ? Il faisait partie de la dotation de la couronne : un beau jour, pour des convenances de chasse, bien que ce domaine particulier soit inaliénable, on l'aliène et l'on achète à la place la ferme de la Jonction et le bois de la Malmaison. Après quoi, un sénatus-consulte *ad hoc* dispose que l'empereur peut aliéner le domaine de la couronne, à l'unique condition de faire remploi en immeubles.

Nous n'en finirions pas, Messieurs, si nous voulions raconter toutes les irrégularités qui ont pu donner matière aux allégations du *Siècle*.

Faut-il rappeler que l'empire a considérablement élevé le chiffre des coupes pratiquées dans les forêts de l'Etat ? En 1851, ce chiffre était de 27 millions ; en 1852, il s'élève d'emblée à 34 et ne cesse de grossir. L'*Annuaire* officiel de l'administration en fait foi.

Tous ces faits n'ont-ils pas fait du bruit, du scandale même ? Entre des coupes exagérées et des aliénations portant sur le fond, n'a-t il pu se produire une confusion dans l'esprit des auteurs de la nouvelle reproduite par le *Siècle* ? L'administration financière impériale est-elle donc au-dessus du soupçon ? A-t-on oublié et les affaires du Mexique, et les bons Jecker et le reste ?

Mais mon adversaire s'accroche au fait et me dit : « Vous ne prouvez toujours point que l'empereur ait illégalement vendu 26 mille hectares de forêts domaniales. La loi vous autorise à faire cette preuve, faites-la. »

La loi m'autorise à faire la preuve. Ah !

Messieurs, je le sais. Oui, sous tous les régimes qui se sont piqués de libéralisme, sous la Restauration, sous la monarchie de Juillet, sous la République, la preuve des faits diffamatoires était autorisée contre les dépositaires ou agents de l'autorité publique. Ces régimes divers avaient de l'honneur : ils voulaient que leurs fonctionnaires pussent être attaqués et même confondus devant la justice, s'ils étaient en effet indignes.

Mais l'empire, Messieurs, oh ! ce ne sont pas là ses principes. Qu'arriverait-il de lui, grands dieux ! si l'on pouvait faire la preuve contre ses fonctionnaires ? Avec quel soin, avec quelle promptitude Napoléon III soustrait ses subalternes à une législation aussi gênante ! Peut-être prévoyait-il qu'un jour deux de ses ministres, dont l'un avait été son favori, iraient s'asseoir pour des faits honteux sur les bancs de la police correctionnelle. Aussi, dès le lendemain du coup d'Etat, dès les premiers jours de 1852, il abroge la législation libérale de 1819, il interdit la preuve contre ses fonctionnaires. C'est même à quoi il tient le plus. En 1868, lorsqu'il juge à propos de faire quelques concessions en matière de presse, ne croyez pas qu'il va livrer ses agents aux critiques des publicistes ! Il propose une loi soi-disant libérale. On la discute au corps législatif ; l'opposition présente un amendement qui autorise la preuve contre les fonctionnaires. Mais avec quelle énergie, je l'entends encore, avec quelle énergie M. Rouher repousse cette disposition subversive ! Que serait devenu l'empire si l'on avait autorisé la preuve contre ses fonctionnaires ! Et le Corps législatif repousse l'amendement.

Et c'est aujourd'hui, lorsque, durant dix-huit années de règne, vous avez rendu impossibles toutes accusations, toutes allégations contre vos agents supérieurs ou subalternes ; lorsque, durant dix-huit années, la presse a dû se taire parce que la preuve lui était interdite par votre législation, c'est aujourd'hui que vous venez me dire : Vous pouvez faire la preuve, prouvez !

N'ai-je pas le droit de vous répondre que non, que je ne puis pas faire la preuve et que, si elle m'échappe, c'est de votre fait, c'est parce que vous interdisiez la preuve, vous étouffiez la vérité au moment même où se passaient les faits que le *Siècle* vous a imputés ?

Dans de telles conditions, Messieurs de la Cour, dans une cause qui se présente ainsi, faut-il donc se borner à l'examen du fait matériel ? N'avez-vous pas surtout à vous demander où est le droit ?

Le fils de Napoléon III est-il recevable dans son action en diffamation ?

Ici, Messieurs, nous abordons la grande thèse de la diffamation envers les morts. Deux grands intérêts sont en présence : le respect dû aux morts ; les franchises dues à l'histoire, ainsi qu'aux publicistes et aux polémistes qui la préparent.

Je sais que je me heurte à la jurisprudence de la cour suprême ; mais je sais aussi que jamais la question ne s'est présentée comme dans le procès qui nous occupe. Tantôt il s'agissait de simples particuliers, tantôt de personnes publiques ordinaires. Aujourd'hui, nous nous trouvons, et pour la première fois, en présence d'un souverain, d'un homme qui a, durant vingt-deux années, occupé la première situation de l'Etat. Et quel souverain ! un prince absolu ! un prince responsable, un prince qui professait du dédain pour les monarques constitutionnels. Il a eu le début et la fin tragique que vous connaissez, et c'est lui, Messieurs, oui c'est lui, c'est Napoléon III que l'on vous demande de dérober, par arrêt, au jugement de la postérité !

Et en vertu de quelle jurisprudence, de quelle doctrine douteuse !

N'attendez pas, Messieurs, que je renouvelle ici ce débat dans toute son ampleur, il n'en est pas besoin dans la cause. Je rappellerai seulement que la thèse des auteurs et des arrêts qui prétendent que notre loi punit la diffamation envers les morts, je rappellerai seulement que cette thèse repose sur deux idées principales.

La première consiste en une certaine interprétation du mot « personne », expression insérée dans l'article 13 de la loi du 17 mai 1819, lequel est ainsi conçu : « Toute » allégation ou imputation d'un fait qui » porte atteinte à l'honneur ou à la con- » sidération de *la personne* ou du corps au- » quel le fait est imputé, est une diffama- » tion. » Eh bien, les partisans de la diffamation envers les morts soutiennent que ce mot *personne* doit s'entendre aussi bien des personnes mortes que des personnes vivantes ; en conséquence, ajoutent-ils, les héritiers peuvent avoir l'action en diffamation (si la loi la leur donne), comme successeurs, comme continuateurs, comme représentants de la personne du défunt diffamé, *cujus sustinent personam*, dit l'arrêt de la Cour de cassation de 1860.

Voilà la première idée : c'est la représentation de la personne du défunt. Lisez le rapport de M. Plougoulm, lisez les conclusions de M. Dupin, lisez l'arrêt, lisez tous les novateurs de 1860, vous retrouvez cette idée constamment à la base de leur argumentation.

Voici maintenant la seconde idée :

Ce n'est pas tout d'avoir défini le délit, d'avoir étendu le sens de la loi répressive, d'avoir compris les morts eux-mêmes parmi les personnes que protége la loi sur la diffamation. C'est une exception dans notre loi que la possession d'une action pénale entre les mains des personnes privées. Il faut donc trouver un texte de loi qui crée cette action et qui l'attribue aux héritiers. Or, les partisans de la thèse de la diffamation envers les morts, trouvent cette attribution, disent-ils, dans l'article 5 de la loi du 26 mai 1819, qui dispose que, dans le cas de diffamation, « la poursuite aura lieu sur la plainte de la partie qui se prétendra lésée. »

Qui se prétendra lésée : ces expressions génériques, assurent-ils, montrent suffisamment que le législateur n'a pas voulu limiter la possession de l'action pénale au diffamé lui-même ; qu'il l'a donnée à toute partie à qui cette diffamation peut causer une lésion.

Or, qui pourrait mieux se prétendre lésé que le fils qui voit diffamer son père ? Le fils a donc le droit de mettre en mouvement l'action publique pour venger son père décédé; il peut traduire directement le diffamateur au criminel.

Telles sont bien, Messieurs, les deux idées les deux raisons juridiques sur lesquelles se fondent ceux qui pensent que la diffamation envers les morts est punie par nos lois. Je les ai présentées en leur laissant ce qu'elles peuvent avoir de force.

En ce qui me concerne, Messieurs, je crois fort exagérées ces deux interprétations de la loi répressive du 17 mai 1819 et de la loi de procédure du 26 mai de la même année. Les partisans de la thèse que je combats me semblent avoir étendu la pensée du législateur bien au delà de ce qu'il a prévu et voulu. Je ne veux donner de mon opinion que deux raisons en passant :

La première, c'est que les auteurs des lois de 1819 ne les ont point entendues ainsi, qu'ils ont, à ce qu'il me semble, entendu limiter la possession de l'action pénale à la personne offensée elle-même, et elle seule. Permettez-moi de vous en donner pour preuve le passage suivant du rapport présenté à la chambre des députés par M. le marquis de Catelan sur la loi du 26 mai 1819 :

« L'article 2 prévoit le cas d'offense envers
» les chambres, ou l'une d'elles, et fixe le
» mode qui sera suivi pour arriver à la pu-
» nition de ce délit ; en cas de ce genre d'of-
» fense, la poursuite ne pourra avoir lieu
» qu'autant que la chambre qui se croira of-
» fensée aura autorisé la poursuite ; cet ar-
» ticle paraît avoir tout prévu, tout embrassé ;
» la dignité des chambres est suffisamment
» garantie, la sûreté de l'accusé est intacte :
» sans l'assentiment des chambres, on ne
» peut poursuivre ce qu'elles auraient jugé
» innocent ou pardonnable ; *ce ne sera donc*
» *que par leur volonté connue* que se feront
» les poursuites ; le ministère public agira
» seul, mais ce ne sera qu'après que les
» chambres ou l'une d'elles auront délibéré
» sur la convenance et la nécessité de pour-
» suivre.

» Une partie des réflexions que nous ve-
» nons de vous présenter peuvent s'étendre
» aux articles 3, 4 et 5. Ils sont basés sur le
» même système que l'article qui précède.
» Dans le cas de délit pour diffamation ou
» injures, l'action n'aura lieu que sur la
» plainte de la partie qui se croira lésée.
» Tout découle du même principe ; les parti-

» culiers et les corps sont soumis aux mêmes
» règles et l'on peut dire, participent aux mê-
» mes avantages. Ici, *il est très-important*
» *qu'aucun procès ne puisse être engagé sans*
» *la volonté de l'injurié.* Dans des procès en-
» trepris pour fait d'injures, il peut arriver
» qu'il y ait disconvenance ou danger; aussi
» *la loi s'en est sagement rapportée à l'offensé*
» pour savoir jusqu'à quel point il pourrait
» lui convenir de réclamer l'intervention de
» la justice, c'est-à-dire la publicité. »

Ce langage, Messieurs, n'indique-t-il pas
clairement que le législateur de 1819 n'a
voulu donner l'action pénale qu'au diffamé,
à l'offensé, à l'injurié, que tel est le sens de
l'expression de l'article 5 : « La poursuite
n'aura lieu que sur la plainte de la partie
qui se prétendra lésée. » Ces mots doivent
s'entendre non dans un sens étendu, mais
au contraire dans un sens restreint. Nul
doute sur l'opinion des auteurs de la loi. Ils
ont voulu limiter, ils ont limité la possession de l'action pénale au diffamé lui-même.

C'est ainsi, du reste, que la magistrature
l'entendait de leur temps, et j'y trouve une
seconde raison de me défier des interpréta-
teurs hardis de 1860.

A peine les lois de 1819 avaient-elles pris
place dans notre législation que la question

de la diffamation envers les morts était po-
sée devant les tribunaux. Le maréchal Bru-
ne était attaqué par le fameux Martainville,
et sa veuve intentait à ce dernier une action
en diffamation. Le ministère public était occupé dans l'affaire par un homme qui a
laissé des souvenirs au parquet, M. de Broë,
lequel concluait dans le sens que voici :

« Notre législation récente peut offrir une
» lacune qu'il serait peut-être important de
» remplir; mais, dans l'état des choses, vous
» n'oublierez pas qu'en matière criminelle
» rien ne se peut suppléer; que des consi-
» dérations morales ou des analogies ne
» peuvent jamais être la base des peines, et
» qu'enfin la seule explication du silence ou
» même de l'obscurité de la loi pénale, c'est
» l'impunité. »

Conformément à ces conclusions, Martainville était acquitté le 18 août 1819.

Combien cette sage réserve de M. de Broë
me paraît plus sage et plus conforme au rôle
du magistrat que les hardiesses de 1860. On
déclare alors qu'il faut « subvenir aux im-
prévoyances de la loi. » Tâche périlleuse en
toute matière, mais particulièrement fu-
neste en matière criminelle.

Ainsi, Messieurs, vous le voyez, en 1819,
au lendemain de la discussion et du vote

des récentes lois sur la presse, quand le monde était plein de la pensée de leurs auteurs, quand le ministère qui les avait fait voter était encore au pouvoir, la justice déclarait que la diffamation envers les morts n'était pas punissable.

Mais, Messieurs, je n'ai même pas besoin, dans mon procès, d'attaquer de front la thèse des jurisconsultes qui ont adopté l'opinion contraire. En effet, ce que je remarque et ce que je vous signale, c'est qu'aucune des deux idées fondamentales qui servent de support à leur opinion, aucune de ces deux idées n'est applicable à notre affaire.

En premier lieu, le demandeur ne continue pas, ne représente pas la personne de Napoléon III.

En second lieu, l'article 5 de la loi du 26 mai 1819, celui qui donne l'action pénale à « la partie qui se prétendra lésée, » cet article n'est plus en vigueur. A la place de ces expressions un peu générales, nous trouvons dans la loi en vigueur un texte qui limite la possession de l'action pénale à « la *partie offensée*, » c'est-à-dire au diffamé lui-même et lui seul.

Non, dirai-je au demandeur, non, vous ne continuez pas la personne du diffamé, c'est-à-dire de l'empereur défunt. Vous l'avez senti vous-même, et la preuve, c'est que vous ne m'intentez pas l'action qui eût appartenu à votre père. L'action qu'il aurait eue, c'est l'action d'*offense* et non l'action de *diffamation*.

C'est bien l'empereur, en effet, que le *Siècle* a offensé, si offense il y a ; c'est bien le souverain, il n'y a pas d'erreur possible. Qu'a dit le *Siècle*? Que, pour subvenir aux besoins de la liste civile, Napoléon III avait illégalement aliéné des forêts domaniales. Or, quelle autre personne qu'un souverain possède une liste civile ? Quelle autre personne qu'un souverain le *Siècle* aurait-il pu accuser d'avoir pesé sur les administrations publiques au point de leur arracher cette illégalité ?

Eh bien ! Messieurs, si c'est l'empereur qui est offensé, quelle est donc l'action qui eût été intentée ? quel est le délit qui eût été reproché à l'auteur de cette imputation sous l'empire, c'est-à-dire au moment où se passaient les faits imputés ? Si, alors, un journaliste avait osé formuler cette imputation, est-ce qu'on l'aurait poursuivi pour diffamation, en vertu de l'article 16 de la loi du 17 mai 1819 ? Non, Messieurs, on l'eût ac-

cusé d'offense envers le souverain, aux termes de l'article 9.

La distinction n'est ni subtile ni puérile ;
elle est grave, elle a un sens profond, à deux
points de vue.

Ecoutons M. de Courvoisier, rapporteur de
la loi du 17 mai 1819 devant la chambre des
députés. Voici comment il explique pourquoi, vis-à-vis du souverain, il y a *offense*
et non pas *diffamation* :

« Le roi, dit-il, le roi est l'Etat vivant ; sa
» personne est sacrée... »

« .... Ce délit ne peut être confondu
» avec l'injure ou la diffamation envers un
» simple fonctionnaire.... Aussi le projet de
» loi sur la procédure distingue ces espè-
» ces : dans le second cas, il admet à la
» preuve des faits imputés ; dans le pre-
» mier, il s'y refuse.

» Le mot diffamation suppose non-seule-
» ment l'intention, mais l'effet de porter
» atteinte à l'honneur ou à la considération
» d'autrui, par l'imputation, l'allégation
» d'un fait qui peut être vrai. La loi le re-
» connaît en admettant alors à la preuve de
» la vérité de l'assertion ; mais quand la loi
» refuse cette preuve, elle se refuse par là
» même à la possibilité du vrai : ce n'est
» plus la diffamation qu'elle punit, c'est la

» calomnie qu'elle suppose. Cette présomp-
» tion légale est la sauvegarde de l'ordre
» public. »

Ecoutons maintenant M. le duc de Broglie, rapporteur à la chambre des pairs :

« Il existe, dit-il à son tour, des êtres pla-
» cés si haut dans le respect des hommes,
» que le trait le plus empoisonné, bien que
» lancé contre eux, ne peut les atteindre.
» Quoi qu'on publie à leur sujet, peu importe
» en co qui les concerne personnellement.
» Il y a délit, mais *il n'y a point de dommage;*
» il y a un criminel, *mais il ne peut pas y*
» *avoir de victime.* Voilà un délit particulier
» que le mot *offense* caractérise avec une jus-
» tesse parfaite. C'est donc avec beaucoup
» de raison que le projet de loi a nommé
» *offense* toute publication dirigée contre le
» roi. »

Vous le voyez, Messieurs, non-seulement
les deux actions, les deux délits diffèrent au
point de vue si important de la preuve, autorisée dans un cas et refusée dans l'autre ;
mais ils diffèrent encore au point de vue
de la définition **même** du fait punissable
et au point de vue des intéressés.

On ne diffame pas les souverains, on les
offense. Leurs insulteurs sont punis parce
que l'ordre public l'exige ; mais les souve-

rains « n'éprouvent point de dommage »; ils ne sont pas « victimes. » Aussi n'ont-ils pas d'action personnelle, c'est le ministère public qui poursuit d'office leurs offenseurs. Quant à eux, ils n'aperçoivent même pas l'injure.

Ce langage si fier où M. le duc de Broglie, le père, rappelle si bien aux souverains ce qu'ils sont, ce langage, les conseils du demandeur ne le connaissent donc point! Comment ont-ils pu le pousser à chercher dans le domaine du droit ordinaire une action réservée aux dépositaires subalternes de l'autorité publique! Le demandeur a-t-il oublié la situation que son père a occupée? Eh oui, il l'a oubliée, et la raison en est bien simple : c'est qu'il ne continue pas la personne de Napoléon III; non, il ne la continue pas, il ne continue pas la personne de l'offensé; car la personne de l'offensé, je le répète, celui que le *Siècle* a outragé, s'il y a outrage, c'est le souverain, c'est l'homme qui régnait sur la France. Or, tout ce côté de la personne, vous n'y succédez pas. Vous succédez aux meubles et aux immeubles que Napoléon III pouvait posséder; mais vous ne succédez pas au souverain, car vous ne régnez point.

Vous lui succédez si peu, que le sentiment

de ce que vous devriez réellement à la mémoire de votre père, à savoir, le sentiment d'une situation supérieure aux injures, ce sentiment, vous ne l'avez pas; il vous manque complétement, et vous confessez par le procès que les diffamations peuvent l'atteindre !

Réfléchissez-y ! Même l'action directe d'offense, on peut dire que votre père ne l'avait point; puisqu'il ne pouvait « éprouver de dommage, » puisqu'il ne pouvait « être victime. » Dans tous les cas, ce qu'il n'a jamais eu, c'est l'action de diffamation. Les outrages qui lui étaient adressés n'ouvraient que l'action d'offense. Eh bien, s'il n'a jamais eu l'action en diffamation, je me demande comment vous auriez pu la trouver dans son héritage. Comment appliquer à votre espèce la théorie de tous les auteurs qui ont soutenu la thèse de la diffamation envers les morts ? La doctrine et la jurisprudence répètent à satiété que si l'héritier peut exercer l'action en diffamation, c'est à titre de représentant, de continuateur de la personne du défunt diffamé; il la trouve dans sa succession Mais vous, vous ne sauriez la trouver dans la succession de Napoléon III, et alors, où prenez-vous cette action que votre auteur n'a jamais eue ? Elle n'a jamais été dans son domaine, comment pourrait-elle se rencontrer dans le vôtre ?

Ainsi, la première idée sur laquelle se fonde la thèse de la diffamation envers les morts, cette idée, ce principe, n'a pas d'application dans l'affaire.

Je ne me demande pas plus longtemps si vous n'auriez pas dû trouver dans vos souvenirs, dans vos prétentions mêmes, un peu plus de dignité. Sans doute vous n'êtes point d'assez bonne maison. Quoi ! vous êtes fils de souverain ! Quoi ! jusque dans le libellé de votre assignation, vous affichez des prétentions souveraines, et vous descendez de vous-même assez bas pour traiter Monsieur votre père, comme le dernier des sous-préfet, des gardes-champêtres ou des gendarmes !

Je veux vous prendre au mot, Soit ! en le traitant ainsi vous ne dégénérez point. Oui, vous lui succédez dignement, vous le continuez exactement, vous le représentez comme un prince de sa race doit être représenté. Eh bien, même ainsi, vous n'avez pas l'action en diffamation, la législation en vigueur vous la refuse.

Oui, la législation en vigueur vous refuse l'action pénale, cette action qui permettrait à l'héritier du diffamé de saisir directement la juridiction criminelle.

Messieurs, nous l'avons vu, l'opinion de ceux qui soutiennent que cette action pénale appartient à l'héritier du diffamé, cette opinion se fonde exclusivement sur l'article 5 de la loi du 26 mai 1819, lequel dispose que « la poursuite aura lieu sur la plainte de la *partie qui se prétendra lésée.* »

Tous les arrêts sont uniformes sur ce point :

« Attendu, dit le grand arrêt de 1860, at-
» tendu que l'article 5 de la loi du 26 mai 1819,
» qui ne donne pas au diffamé seulement,
» mais à la *partie qui se prétendra lésée,* le
» droit de porter plainte, s'applique par cela
» même à l'héritier ; que cet héritier peut
» être en effet *lésé* par l'outrage adressé à la
» mémoire du défunt dont il continue la
» personne... »

Voilà bien la thèse :

« Considérant, dit un autre arrêt (Lyon,
» 1868), que l'article 5 de la loi du 26 mai
» 1819 permet d'agir *à toute partie qui se*
» *prétend lésée* et qu'il est bien évident que
» l'héritier, et même tout parent, sera *lésé*
» par l'atteinte portée à l'honneur d'un mem-
« bre de la famille... »

« Attendu, dit encore un autre arrêt (cas-

» sation, juin 1869), que l'article 5 de la loi
» du 26 mai 1819 n'exige pour condition de
» l'exercice de l'action en diffamation que
» la plainte *de la partie qui se prétend lésée.* »

Les auteurs, Messieurs, ne diffèrent point
des magistrats. La doctrine et la jurisprudence, pour attribuer l'action pénale aux
héritiers du diffamé, se fondent uniquement
sur cette expression de la loi du 26 mai :
« La poursuite aura lieu sur la plainte de
la *partie qui se prétendra lésée.* » Ce sont là,
disent-ils, des expressions générales des-
quelles il résulte que le législateur de 1819
n'a pas voulu limiter au diffamé l'exercice
de l'action pénale.

Sans doute, Messieurs, je ne me rends pas
à ces raisons ; je pense, avec beaucoup de
bons esprits et avec un certain nombre de
jugements et d'arrêts, que c'est là une interprétation forcée ; que, même sous l'empire
de l'article 5 de la loi du 26 mai, le diffamé
lui seul a l'action.

Mais si cet article n'est plus en vigueur,
si la législation actuelle a substitué aux expressions un peu générales dont il se sert
des expressions limitatives, si cette législation ne donne plus l'action qu'à la partie
offensée elle-même, et elle seule, ah ! messieurs, il faudra bien reconnaître que le de-

mandeur n'a pas d'action, d'action correctionnelle s'entend. Et la jurisprudence ne signifiera plus rien, puisqu'elle s'est établie sous l'empire d'une législation qui n'a plus cours.

C'est ce que je soutiens, Messieurs, et je le prouve.

Remontons un peu en arrière.

Vous le savez mieux que moi, Messieurs : la thèse de la diffamation envers les morts ne s'est pas introduite sans de grandes polémiques entre les jurisconsultes. C'était une nouveauté ; on a lutté contre elle ; on a cherché des arguments partout. On a notamment argumenté de certain article 17 de la loi du 22 mars 1822, lequel limitait la possession de l'action pénale au particulier « qui se croirait diffamé ou injurié. » Tous les auteurs reconnaissaient que, sous l'empire de cet article, la diffamation envers les morts n'était point punissable, personne ne pouvant plus exercer l'action. Entre ces auteurs, j'en veux choisir un parmi mes adversaires. Dans un opuscule intitulé : *De la diffamation envers les morts*, Mᵒ Bertin, alors rédacteur en chef du journal le *Droit*, raisonnait en ces termes :

« Nous reconnaissons que l'article 17 de la » loi du 22 mars 1822 ayant dit que les pour-

» suites pour diffamation n'auraient lieu que
» sur la plainte ou la requête du particulier
» qui se croirait diffamé ou injurié, à partir
» de la promulgation de la loi du 22 mars
» 1822, la poursuite de la diffamation des
» morts a été impossible, non pas par inter-
» prétation de l'article 5 de la loi du 26 mai
» 1819, mais par application de l'article 17
» de celle du 22 mars 1822 qui, aux expres-
» sions « de la partie qui se prétendra lésée »
» de la loi de 1819, avait substitué celle-
» ci : « du particulier qui se croira diffamé, »
» expressions qui limitent en effet au diffa-
» mé le droit de porter la plainte qui doit
» mettre en mouvement l'action publique. »

A la page suivante de son ouvrage, M. Bertin ajoute :

« En ce qui concerne les droits de plainte
» et de poursuite de la diffamation des
» morts, aucun doute ne pouvait exister
» sur les conséquences de l'article 17 de la
» loi du 22 mars 1822.

» Si donc cet article était encore en vi-
» gueur, nous n'hésiterions pas à reconnaître
» que la plainte portée par les héritiers du
» mort diffamé est non-recevable ; mais
» cette disposition a été formellement abro-
» gée par la loi du 8 octobre 1830 ; de sorte
» que, depuis la promulgation de cette der-

» nière loi, la plainte dans le cas de diffa-
» mation des morts est régie, non par
» l'article 17 de la loi de 1822, mais par l'ar-
» ticle 5 de la loi du 26 mai 1819 ; or, cette
» loi conférant le droit de plainte et de
» poursuite, non pas seulement à l'individu
» diffamé, mais à tous ceux qui se préten-
» dent lésés par une diffamation, il s'ensuit
» que la condition de la loi est accomplie
» lorsqu'une lésion est alléguée, à plus forte
» raison lorsque cette lésion est établie. »

Dans la fin de ce raisonnement, vous voyez, Messieurs, revenir cet argument favori de ceux qui affirment que la diffama-mation envers les morts est punissable sur la plainte de l'héritier; ils ne cessent de se fonder sur les expressions, très-générales suivant eux, de la loi de 1819. L'allégation d'une lésion suffit, à leur gré, pour donner l'action pénale. Mais ils reconnaissent for-mellement (et comment pourraient-ils le nier ?) ils reconnaissent que si, dans une loi postérieure, les magistrats trouvent une dis-position non plus étendue, non plus géné-rale, mais limitative au contraire, et qui confère à la partie offensée seule le droit de rendre plainte, ah ! alors, l'action pénale ne pourra plus appartenir aux héritiers, et ils devront être déclarés non-recevables.

Ainsi, Messieurs, si la législation actuelle a fait retour aux expressions limitatives de 1822, si la partie offensée, diffamée ou injuriée a seule l'action pénale, le demandeur n'est pas recevable en sa plainte.

Or, tel est, en fait, l'état actuel de la législation.

Ce n'est plus la loi de 1819 qui est en vigueur, c'est la loi du 29 décembre 1875, article 6, et cet article donne le droit de rendre plainte, non plus à toute partie qui se prétendrait lésée, mais seulement à *la partie offensée* elle-même.

Je tiens, Messieurs, entre les mains, le *Code des lois de la presse interprétées par la jurisprudence et la doctrine*, ouvrage dû à un éminent magistrat, M. Rolland de Villargues, conseiller à la Cour de Paris. A la fin de son ouvrage, M. Rolland de Villargues présente dans un ordre méthodique l'ensemble de la législation de la presse, la série des dispositions abrogées, et la suite des dispositions en vigueur. Il indique soigneusement les parties abrogées et par une mention spéciale et en les imprimant en caractères italiques.

Arrivant au sujet qui nous occupe, c'est-à-dire à la poursuite et à la plainte, il met en regard l'une de l'autre la législation de 1819 et celle de 1875.

« Loi du 26 mai 1819, article 5. — Dans le » cas des mêmes délits *contre tout dépositaire* » *ou agent de l'autorité publique, contre tout* » *agent diplomatique étranger accrédité près du* » *rci, ou* contre tout particulier, la poursuite » n'aura lieu que sur la plainte de la partie » qui se prétendra lésée. »

Et M. Rolland de Villargues ajoute :

« La première partie de cet article est » abrogée par la loi du 29 décembre 1875. »

Ainsi, la partie de l'article 5 de la loi de 1819 qui se trouve encore applicable aujourd'hui se limite à ces mots :

« Dans le cas des mêmes délits (diffama- » tion ou injure), contre tout particulier, la » poursuite n'aura lieu que sur la plainte » de la partie qui se prétendra lésée. »

C'est donc uniquement lorsqu'il s'agit d'une diffamation envers un simple particulier, c'est uniquement dans ce cas que l'allégation d'une lésion suffira désormais pour l'exercice de l'action pénale. Toutes les fois au contraire qu'il s'agira de la diffamation envers un dépositaire ou un agent de l'autorité publique, c'est la loi de 1875 qui sera applicable. Or, c'est bien là notre cas. Le tribunal, en nous condamnant, nous a appliqué l'article 16 de la loi répressive du 17 mai 1819, lequel, reproduit par le jugement, et ainsi conçu :

« Article 16. — La diffamation envers tout » dépositaire ou agent de l'autorité pu- » blique, pour des faits relatifs à ses fonc- » tions, sera punie d'un emprisonnement de » huit jours à dix-huit mois, et d'une amende » de cinquante francs à trois mille francs. »

Voilà bien notre espèce. Eh bien, elle est régie, quant à la plainte et à la poursuite, par l'article 6 de la loi du 29 décembre 1875, article dont voici le texte :

« Dans le cas d'offense envers les cham- » bres ou l'une d'elles et de diffamation ou » d'injure contre les cours, tribunaux ou au- » tres corps constitués, la poursuite aura » lieu d'office ; elle aura lieu *pour diffama-* » *tion* ou injure contre tous dépositaires ou » agents de l'autorité publique, soit sur la » plainte de la partie offensée, soit d'of- » fice sur la demande adressée au ministre » de la justice par le ministre dans le dépar- » tement duquel se trouve le fonctionnaire » diffamé ou injurié. »

Ainsi, Messieurs, deux nouveautés dans la loi actuelle : 1° la poursuite peut avoir lieu d'office, ce qui ne regarde pas le procès actuel ; 2° le droit de rendre plainte appartient non plus à toute partie qui peut alléguer une lésion, mais seulement à celle qui est offensée, au fonctionnaire diffamé.

Nous voyons donc disparaître de la législation nouvelle et seule en vigueur aujourd'hui, nous voyons disparaître les expressions générales de l'article 63 du code d'instruction criminelle et de l'article 5 de la loi du 26 mai 1819, « toute partie qui se prétendra lésée », et nous leur voyons substituer une expression essentiellement limitative : « la plainte de *la partie offensée*. » La partie directement offensée elle-même aura, elle seule, l'action pénale.

Telle est la législation en vigueur aujourd'hui. Le jugement dont est appel a eu tort de ne pas l'appliquer.

Réfléchissez, d'ailleurs, Messieurs, que l'auteur de cette loi de 1875, celui qui l'a rédigée, présentée à l'assemblée nationale, qui l'a soutenue à la tribune et qui l'a fait voter, songez que cet auteur n'est autre que l'illustre M. Dufaure, garde des sceaux alors comme il l'est aujourd'hui. Et si vous voulez bien vous rappeler que M. Dufaure avait été, en 1860, l'un des adversaires les plus énergiques de la jurisprudence qui déclarait punissable la diffamation envers les morts, si vous n'oubliez pas qu'il avait éloquemment lutté contre cette thèse dans le célèbre procès des héritiers Rousseau contre M. Dupanloup; si vous songez qu'alors il avait constamment rencontré chez ses adversaires l'éternel argument qu'ils tiraient de ces expressions de la loi de 1819 : « La partie qui se prétendra lésée... »; si vous tenez compte de toutes ces circonstances, est-ce que l'article 6 de la loi du 29 décembre 1875, déjà si précis, si formel, si clair, si exclusif par lui-même, ne s'éclairera pas davantage encore à vos yeux? Est-ce que l'opinion si connue de l'auteur de la loi n'accentuera pas le sens de la loi, ne fera pas éclater la volonté du législateur de 1875?

Oui, ce texte est formel : en limitant la possession de l'action pénale à la partie offensée, au fonctionnaire diffamé lui-même, et lui seul, il a exclu l'héritier.

La plainte du fils de Napoléon III n'est pas recevable.

Et maintenant, perdrai-je mon temps à démontrer que cette action qu'il ne possède pas comme héritier du défunt, que la loi lui refuse, il ne la trouve pas davantage en lui-même, en sa propre personne? Du reste, le demandeur ne le prétend point. Dans son assignation, il ne se présente pas comme personnellement diffamé, mais simplement

comme le vengeur de la mémoire pater-
nelle :

« Attendu, se borne-t-il à dire, que ces
» imputations constituent à l'égard de feu
» l'empereur Napoléon III une diffamation
» que son fils requérant a le droit et le devoir
» de déférer à la justice pour en obtenir
» réparation... »

Il ne parle nullement d'une diffamation
qui lui serait personnelle et directe. Aussi
le tribunal nous a-t-il appliqué, non pas
l'article 18 de la loi du 17 mai 1819, qui punit
la diffamation envers les simples particuliers,
mais bien l'article 16 qui réprime le même
délit commis envers les dépositaires ou
agents de l'autorité publique.

Eh bien! dans ce cas, qui est le nôtre,
nous l'avons vu, pas d'action pénale.

La demande du fils de Napoléon III n'est
pas recevable. Elle ne l'est pas parce qu'un
texte formel lui refuse la plainte. Elle ne
l'est pas, pour de plus hautes raisons encore.

Quel est en effet, Messieurs, quel est le
sens profond de cette législation de 1819,
sens sur lequel la jurisprudence a pu varier,
sur lequel on a pu hésiter, à raison de certains courants, des circonstances spéciales à
telle ou telle affaire, mais qui au fond n'a

jamais été douteux, et que dans tous les cas le législateur de 1875 a définitivement fixé ? Pourquoi l'action pénale est-elle refusée aux héritiers ? Pourquoi la diffamation envers les morts n'est-elle pas un délit punissable, au moins en ce qui concerne les personnes publiques, celles qui ont joué un rôle dans l'administration ou la politique ?

Pourquoi ? Messieurs, je vous l'ai dit, je ne veux pas rouvrir ce débat dans toute son ampleur. Les franchises de l'histoire ont été défendues par des voix plus puissantes que la mienne. Rappelez-vous seulement que, dans cette cause, elles sont plus sacrées, elles doivent être plus étendues que dans toute autre. Pour la première fois, le mort qui prétend être soustrait à la discussion, c'est un souverain, le souverain que vous savez, celui qui a commencé par une tragédie et fini par une catastrophe également criminelles. N'est-ce pas vis-à-vis de lui surtout que le droit des historiens, des publicistes, des polémistes, de la postérité en un mot, doit être réservé ?

Qui avons-nous attaqué dans le *Siècle* ? L'administration financière de l'empire. A-t-elle donc été si pure ? A-t-elle mérité d'être mise, par arrêt, au-dessus du jugement de ceux qui en souffrent encore ?

Faut-il rappeler ce que je vous disais en commençant de certains abus commis par la liste civile vis-à-vis du budget de la guerre?

Faut-il apporter ici les dossiers honteux découverts par la commission des marchés?

Faut-il citer les rapports de M. Riant et de tant d'autres ? les discours de M. le duc d'Audiffret-Pasquier ? Ce dernier ne s'est-il pas écrié par trois fois, après en avoir donné d'accablantes preuves, que l'empire avait conduit notre pays à la décomposition et à la démoralisation ?

Avez-vous, impérialistes, avez-vous espéré faire taire toutes ces voix qui vous accusent? Ah ! bien petite est l'imputation dont vous cherchez à vous laver, quand vous laissez sans réponse les accusations les plus terribles !

Tenez, je cherche ce que vous gagneriez à une pareille cause, même si vous la gagniez en dernier ressort. Avez-vous espéré d'arrêter la polémique provoquée par le second empire? Vous la renouvellerez, vous la rallumerez ; l'effet de ce procès sera de la rendre plus vive, plus impitoyable.

Vous nous aurez mis au défi de prouver que vous avez illégalement aliéné 26,000 hectares de forêts domaniales. Soit; mais savez-vous ce que l'on dira? L'on comparera l’état de ees forêts en 1869 et en 1871, et l’on verra qu’il y manque, non pas 25,000, mais quatre-vingt-cinq mille hectares.

85,000 hectares! Ce sont les forêts de l’Alsace et de la Lorraine.

Voilà les plaies que vous allez rouvrir et faire saigner encore, et c’est à vous qu’il en cuira.

Dans une de ses philippiques vengeresses, le président du sénat vous demandait un jour si, sous les ombrages de Chislehurst, vous n’entendiez pas quelquefois retentir ce cri célèbre : « *Quintili Vare, legiones redde* ! Varus, rends-moi mes légions! »

C’est là le cri de la France. Il vous poursuivra toujours, entendez-le : Famille Bonaparte, famille maudite, rends-moi mes régiments, rends-moi mes drapeaux, rends-moi l’honneur de mes armes, rends-moi mon prestige, rends-moi mes richesses gaspillées, rends-moi l’Alsace, rends-moi la Lorraine, rends-moi Strasbourg, rends-moi Metz, rends-moi mes frontières !

Voilà ce que vous gagnerez à vous être rappelés à la France. Ah! que vous eussiez été mieux inspirés de laisser l’ombre de Napoléon III goûter en repos l’ombre de considération dont elle jouit peut-être encore en certains lieux !

REPLIQUE

Messieurs,

Je voudrais répondre en quelques mots à mes deux contradicteurs sur la question de droit et principalement sur la possession de l'action pénale entre les mains du fils de Napoléon III.

Ni M⁰ Jolibois, ni l'organe du ministère public n'ont méconnu que l'article 6 de la loi du 29 décembre 1875 est seul en vigueur aujourd'hui dans la matière ; ce point est donc acquis. Cet article régit seul à cette heure la possession de l'action pénale, en ce qui concerne la diffamation vis-à-vis des personnes publiques. Seulement M⁰ Jolibois a tenté de se faire un argument nouveau de ce texte lui-même, tâche difficile, impossible même. M⁰ Jolibois vous a dit :

« Mais quelle différence peut-on établir entre ces mots : « la partie lésée et la partie « offensée ? » Et parlant non plus le langage du droit, mais avec une certaine inexactitude encore le langage ordinaire, le langage courant, il a ajouté : « Une lésion est une offense ; une offense est une lésion ! »

Je ne crois pas, Messieurs, quoiqu'un peu étranger aux luttes du palais, je ne crois pas que dans l'enceinte judiciaire une pareille synonymie puisse sérieusement être établie.

Il est sur ce point une remarque très-importante que je signale à la Cour ; l'une des lois dit « la partie offensée », l'autre loi ne dit pas « la partie lésée », elle dit « toute partie *qui se prétendra lésée.* »

Qui se prétendra ; c'est sur ces expressions de la loi, qui semblent donner l'action pénale à toute personne qui croira pouvoir non pas même établir, mais simplement alléguer une lésion ; c'est sur ces expressions génériques de la loi que se fondaient les partisans de la thèse de la diffamation envers les morts.

M. Bertin, dont je vous lisais tantôt un passage, insiste sur ce point lorsqu'il fait remarquer que, la loi du 22 mars 1822, laquelle se servait d'expressions limitatives, étant abrogée, il faut s'en référer à la formule de 1819.

C'est cette loi, dit-il, c'est la loi du 26 mai 1819 qui règle le droit de plainte et désigne comme pouvant l'exercer tous ceux qui peuvent se prétendre lésés.

Mais, Messieurs, est-il possible d'imaginer des expressions plus différentes, plus divergentes, je dirai volontiers, plus étrangères l'une à l'autre que ces expressions de deux lois, dont l'une remet la possession de l'action pénale entre les mains de toute partie qui se prétend lésée, qui prétend avoir subi un dommage, qui peut invoquer une lésion, et dont l'autre se sert à dessein d'une formule essentiellement limitative : « la poursuite n'aura plus lieu que sur la plainte de la partie offensée.» La partie offensée, c'est-à-dire, la personne même qui a été directement l'objet de l'offense, de la diffamation ou de l'injure.

Non, il est impossible d'établir la moindre équivalence entre le mot « lésion » et le mot « offense. »

Nous sommes en matière criminelle, c'est-à-dire dans une matière étroite, où il ne faut pas étendre arbitrairement les termes de la loi. Un grand nombre de bons esprits trouvaient déjà que la jurisprudence de 1860 donnait à la loi de 1819 une extension excessive, que la simple allégation d'une lésion indirecte ne pouvait donner l'action pénale; mais aujourd'hui le législateur de 1875 s'est prononcé ; il a effacé les mots qui servaient de base à cette jurisprudence ; il a dit non plus la partie qui se prétendra lésée; il a dit : la partie offensée, c'est-à-dire la partie que le diffamateur aura personnellement et directement touchée. Le mot offense, en effet, est un de ceux dont le législateur se sert pour caractériser précisément les délits qu'il réprime ; c'est assez dire combien le sens en est limité, combien il est impossible d'en faire le synonyme du mot lésion.

Une distance infranchissable sépare ces deux expressions.

J'arrive maintenant à une autre objection du ministère public. Il me disait : « Comment expliqueriez-vous que le législateur de 1875 ait pu laisser la possession de l'action pénale entre les mains des héritiers lorsqu'il s'agit de diffamation contre les simples particuliers, et la refuser en même temps aux héritiers des personnes publiques, des dépositaires de l'autorité. »

Ma réponse sera facile :

Vous n'avez pas le droit, dirai-je d'abord, d'étendre arbitrairement le sens des expressions de la loi, vous n'avez pas le droit de rechercher des interprétations en dehors de la volonté manifeste du législateur.

Sur le fond de votre objection, sur la contradiction qui, dans mon système, existerait dans la législation, sur l'impossibilité qu'il y aurait d'accorder l'action pénale aux héritiers des simples particuliers et de la refuser aux héritiers des hommes publics, je vous répondrai par ces paroles d'un illustre criminaliste :

« A côté, dit M. Faustin-Hélie (1), à côté de
» l'intérêt privé de la famille, se trouve ici
» l'intérêt de la société. Si la famille a be
» soin de protéger la réputation du défunt,
» la société a besoin de leçons et d'exemples.
» La renommée de chacun de ses membres
» est son œuvre commune, et elle a jusqu'à
» un certain point le droit d'en discuter les
» éléments. *Ce droit s'accroît si le défunt s'est*
» *mêlé d'une façon quelconque aux événements*
» *politiques de son pays.* Tel est le sort des
» hommes publics, que leur vie appartient à
» tous, et qu'elle est livrée à toutes les ap
» préciations. Leur tombe est à peine fermée,
» que le jugement public vient s'y asseoir

---

(1) *Traité de l'instruction criminelle,* tome II·

» pour peser leurs actions, et bientôt l'his-
» toire, en les enregistrant, leur jette le
» blâme ou la louange, les célèbre ou les flé-
» trit. Les héritiers n'ont rien à opposer à
» l'exercice de ce droit suprême. »

Les héritiers n'ont rien à opposer à l'exercice de ce droit suprême. Voilà la raison de
la différence qui trouble l'esprit de M. l'avocat général. Voilà pourquoi ni les historiens,
ni les publicistes, ni les polémistes, ni aucun de ceux qui préparent ou qui font définitivement l'histoire d'un règne accompli ne
peuvent être traduits devant vous pour diffamation ; pourquoi vous n'avez pas à vous
établir juges de la vérité ou de la fausseté de
leurs assertions.

L'histoire, Messieurs, permettez moi de
vous le dire, n'a rien à démêler avec vos arrêts. Vos arrêts sont sans vertu pour établir
ce qui est ou ce qui n'est pas la vérité his-
torique. En effet, vous êtes astreints, pour
la preuve, à des règles de droit et de procédure qui ne ressemblent nullement aux
moyens d'information de l'histoire. Entre
les écrivains dont les récits diffèrent, l'opinion publique prononce d'abord et l'histoire
ensuite ; mais ni l'une ni l'autre ne procè-
dent comme vous. Un historien a-t-il fait un
récit inexact ; que ses contradicteurs lui op-

posent des récits plus exacts, plus circonstanciés, plus entourés de documents ou incontestables ou plausibles : le premier sera
promptement discrédité dans l'opinion, et
ceux qu'il aura attaqués s'élèveront dans
l'estime publique.

Mais vous, essieurs, vous ne trouverez
ni dans la loi de 1819, ni dans celle de 1875,
ni dans aucune autre, le droit de fixer l'histoire par des arrêts. Vos attributions ne vont
point jusque-là. Je m'assieds avec la confiance que vous ne les dépasserez point.

Condamné par la Cour à 2,000 francs
d'amende et à l'insertion de l'arrêt dans
dix journaux, le *Siècle* s'est pourvu en
cassation.

Paris. — Imprimerie J. Voisvenel, 24, rue Chauchat.